Leijonanpoika

Jorma Luoma

Leijonan poika

Kanervankarvaisen korpifilosofin omakuva

Kustantaja: BoD - Books on Demand, Helsinki, Suomi
Valmistaja: BoD - Books on Demand, Norderstedt, Saksa
ISBN: 978-952-80-6317-9

Sisällysluettelo

JUURET

Joukossanne vaeltaa leijonanpoika

Leijonanpoika

Polta tulta
        kun hauta on valmistettu.
Minä olen auringon lapsi,
        leijonanpoika,
                polta tulta.
Älä laske minua pimeään,
                kylmään,
        laske minut havuvuoteelle,
        anna tulen tulla,
                auringon polttaa.
Laita minut aurinkotuulen vaunuihin,
        joka vie minut veljieni joukkoon,
                savannille.
Anna savenvalajalle rauha
        työstää minua pölystä,
                savannin tuhkasta,
        henki lauman hengestä,
        leijonanpojasta leijona,
        kultaharja auringosta,
                aurinkoleijona.

Pohjalainen

Lapsuuteni pellot juostava,
    pienet jalat ahnehtivat matkaa.
Kissankellot helisivät pientareilla,
    olin myyty,
    myyty auringon valolle,
    latomeren lakeudelle.
Hengitin pohjanmaan ilmaa,
    ilmapiiriä
    ja löysin identiteettini.
Tähän minä nojaan toimissani,
    muukalaisena.
Se on osa minua,
    vaikka minut pestäisiin vieraissa
    vesissä,
    uitettaisiin uusilla lumilla.
Vietäisiin käärmetanssin pyörteisiin,
    noitien vuosikokouksiin,
    hypnoosiin.
Silti minussa vielä asuisi
    pieni pohjalainen.

Kyläni

Kyläni,
    äitini lihasta ja verestä lapsi,
        minä,
    repäisty ahmimaan sinua
        kuin tuulta.
Imin sisääni soittesi tuoksua,
        viljavaa multaa.
Sinusta minä tulin,
    peltosi vapauteen vaivuin,
    pumpulipilven uneen.
Lämmintä sadetta laariin,
    spektrin värien loiste
    raikkaassa ilmassa.
Sateenkaari mustia pilviä vasten,
    talot kimmeltävät
    jalokivien lailla
        auringon kilossa.
Sateenkaaren päässä aarre,
        aarnivalkeat,
    toivoa täynnä
        kyläni.

Ja pohjanmaan

Alussa Jumala loi taivaan ja maan
                    ja pohjanmaan.
Ja minä avasin silmäni
                    ja näin
          mustuneet saunanseinät
                    ja huusin
          äiti Madonnaa auttamaan.
Niin minut tuotiin ulos,
          minä näin taivaankaaren
          ja latomeren lainehtivan
          taivaankaaren alla.
He puhuivat susista ja lapsista,
          viljanleikkuun aloittamisesta.
Minun ikiaikaiseen muistiini
          oli tallennettu leivänlaulu.
Ja me otimme ja mursimme leipää
          kaikki lapsuusvuoteni
          ja kiitimme leivästä
                    luojaa,
          viljelijää ja leipuria.
Ja minä olin osa tätä ketjua,
          kunnes elämä vieroitti
                    minut.

Tuulentuoksuiset ladot

Seinäpellon värinen sienirihmasto
syö puuta,
pohjanmaa.
Tuulentuoksuiset ladot
kuuraisella sänkipellolla,
lunta.
Näkymätön albiino varis
raakkuu taivaalla,
taivasalla.
Valkoinen hevonen peltotiellä
kuin kärpänen tapetilla,
piste.
Taivaankaari laskettu alas,
valkoista hehkuva harmaa
vyöryy ylitse
lakeuden.
Myrsky kylvi lunta
hämärään.

14

Siksi olemme ihmisiä

Kumpu ja kolme ristiä,
    lapsuuteni maisema,
    amputoidut puut.
Korppien huudot taivaalla,
    jäinen maa,
    pälviä pelloilla,
        tuulee.
Tämä näky silmissäni
    etsin totuutta.
Totuutta joka aukeni
        avaruudesta
    vailla tarkoitusta.
Samaa kudosta elämän kanssa,
    jaetut atomit
        ameeba.
Aine on meille annettu
        lainaksi,
    että tietäisimme asemamme.
Henki kapinoi
    luoden jumalia
        palvottaviksi.
Siksi olemme ihmisiä.

Polttakaa minut

Se hiipi sisääni,
  luihin ja ytimiin,
        kylmyys,
  sieluni jäätyi.
Selkäydinneste muuttui sohjoksi,
  ajatukseni harhailivat.
Valkoiset sormeni etsivät pelastusta,
        elämää,
  minua huimasi.
Halusin tuntoa
  käsilleni.
Se oli uusi syntymä sormilleni,
  kivun kautta paluu.
Polttakaa minut,
  kun aikani täyttyy,
    että edes kerran ruumiini saisi tuntea
        lämpöä.
  ja sirotelkaa tuhkani
  tulivuoren uumeniin.

Kalenterin loppu

Kun kalenterin merkitys lakkaa,
        kello hakkaa
tuntematonta aikaa.
Minä istun keinutuolissa,
        pilven reunalla,
        kuun sirpillä,
tuijotan avaruuden yöhön,
        työhön,
jota oli tehtävä
kuumeisten vuosien läpi.
Nyt päivien viilentyessä
        luuni kaipaavat lämpöä,
        mieleni rauhaa,
sieluni tähtiin tähyää.
Vellova ihmismeri ympärilläni
        muuttuu käsittämättömäksi
        olennoksi,
josta minun on luovuttava.
Juovuttava uuden odotuksesta,
        hymyillen otettava vastaan
        kaikki se,
mikä meille annetaan
        armosta.

Mahdottomuus

Minä ulkoistan itseäni
                    itsestäni,
ihmisyhteisöstä.
Yritän kasvattaa puita
        juuret ylöspäin.
Tavoittelen tähtiä,
                    avaruutta
        ilman siipiä.
Syön samaa lihaa
        ja juon samaa verta
                    kanssani,
                    ystävänä.
Olemme sekoittuneet samaan
                    cocktailiin
        kaiken elollisen ja elottoman
                    kanssa.
Olemme yksi ja olemme
                    kaikki,
        emmekä ole mitään.
Olemme lautasella olevaa
        syövää ruokaa,
        aina syötävänä olevia
                    syöjiä.
Yritän ulkoistaa itseäni
                    itsestäni,
        kaikesta.

Avaruus päättyy

Minne avaruus päättyy?
Sinne mihin rakkauskin,
    kristallinkirkkaisiin öihin,
    faktojen faktoihin,
    sumeisiin uniin,
        kuviin
todellisuudesta,
joka meille on annettu
ja jonka luomme.
Maailmankaikkeuden tuolta puolen
    loistaa rakkauden valo.
Sallikaa valon tulla
    niin löydätte hänet,
    jossa on kaksi ihmistä
            täydellisenä
    ja rajattomuudella rajatun
            avaruuden.

Ajan murros

Tämä aika taittuisi paikkaan,
    turhaan olen vieraille vieras,
        olen hauras,
    jos juoksen kylkiluuni katkeavat.
Ajatusteni kirkas voima,
    kaikki puhdistuu valoksi,
    metronomi tikittää
        vielä.
Vielä laulaa satakieli
    ja kuu kääntää katseensa
        puoleemme,
    että me tietäisimme olevamme
    saman lain alaisia
        jokainen.
Lain joka on puhdas,
    ymmärtää rakkautta
    ja taittaa ajan
    niin kuin on säädetty.
Valitusoikeutta ei ole annettu,
    kun luonto toimii.
Siivoaminen
    on ihmisen osa.

Aika luo rotkoja

Kohottakaa katseenne ylös,
        sinne
missä taivas on valkoinen
ja tuulet kuokkivat mustan
        manalaan.
Minun maailmankaikkeuteni,
        kaikkeni
jakaisin kanssanne.
Mutta emmehän edes puhu toisillemme,
        vaikka puhumme koko ajan,
        sanoja jotka valuvat
        viemäriin.
Aika luo rotkoja,
        jakaa meidät ymmärtämättömyyden
        saarekkeille,
        vahvistaa egoamme,
        josta me pidämme kiinni,
        kuin kissa puun rungosta
        kiivetessään.

Päivänsäde netistä

Päivänsäde netistä
söi silmiä, suuta , lihaa
ja luuta,
avaruusajan imbesillit.
Kepillä sohaistu silmätön kuoro
lauloi,
tappakaa kaikki vieras.
Lumikinos soi, aurinko porotti
ja ruusut kukkivat kuutamolla.
Ja he olivat siellä,
missä kaikki oli mahdollista
kauraa.
Pöytä oli katettu kuudelle
suurelle,
hiljaiset perivät maan.
Antibiootti söi mielenjäynää
ja synnytti herneitä.
Hevoskuurin höynäyttämät basiliskot
laukkaavat
mikä, mikä maahan
onnea etsimään.

22

Pettymysusvaa

Mehiläisiä angervoissa,
    suudelmia ilmassa,
        juhannus.
Kaksijalkaiset ystävämme yössä,
    neliraajaisten tanssilavalla,
    mieli laukkaa syvissä vesissä,
        kädet hamuavat,
        jalat sekoavat.
Rakkaus odottaa
    lasisen seinän takana,
    tynnyriin uponneet unelmat.
Siellä jossain aamuyön tunteina
    sataa maahan pettymysusvaa.
Usvaverhon takaa aukeaa
    kivikova arki
    menetetty mahdollisuus.
Orjantappuroihin kylvetty siemen
        itämättä.

Tulitukka

Sinä olet minulle rakas.

Tulitukka

Taivas,
     missä kaartui hevosenselkä
     lauloimme toisillemme.
Suutelimme sanoilla
     mielen kylpylään.
Meissä heräsi lapsi,
     läheisyyden tarve.
Me uimme yhteen
     kirkkaissa vesissä,
     saunan höyryissä haaveilimme.
Sinua minä rakastan
     tulitukka,
     sinulle valmistelen sanani
     huolella.
Tule ja lämmitä minua,
     sytytä tuli sydämeeni.
Tuli joka puhdistaa,
     tekee minusta lapsen,
     ihmisen,
     kaaoksen keskellä.

Syöksy silmieni kaivoon

Syöksy silmieni kaivoon,
    ammenna sieltä rakkautta,
    jota olen hellästi vaalinut
        sinua varten.
Ota se minulta vastaan,
    niin tiedät, olen sinun,
    kuin kuunhohde öisin kasvoillasi,
    kuin auringonvalo hiuksillasi,
        tulitukka,
    olemme samaa ilmaa ja vettä.
Ratsumme laukkaa
        ilta-aurinkoon.

Löysin sen silmistäsi rakas

Samean veden lähteistä pulppuaa
        sydän,
      kuun pirstoutuessa pintaan.
Sadat kaivot puhaltavat pasuunaan,
        huuto yössä,
     rakkauden nälkäiset puut,
        tähtien tavoittelijat,
   menninkäisen kanervanuttu tulessa.
Puu ja tiainen yhtyivät,
     näin syntyi
        puutiainen
   ja kaikki pöllöt lauloivat.
Keijut sytyttelivät tähtiä taivaalle,
        mereen,
       halkokasaan.
Etsin sydäntäni lumpeenlehtien kätköistä,
     maan ja ilman saloista,
    luovutettuani löysin sen silmistäsi
       rakas.

Se on täytetty

Usvasta nousivat kasvosi
    aikojen alusta,
    kun maa oli neitsyt.
Minä olin myyty,
    kasteen raikkaus ihollasi,
    silmissäsi kutsu
        iloon.
Iloon jota vain rakastuneet saavat kokea.
Pohjattoman kaipauksen kaivo,
    se on täytetty.

Lämmin sade

Pilvet tekivät rauhan kanssani
    ja antoivat minulle lämpöisen sateen.
Sateen joka hyväili ihoani
    kuin nainen.
Sinä joka seisoit kanssani alttarilla
    ja otit minut vastaan,
    pidit minusta kiinni
        silloinkin,
    kun yö laskeutui yllemme.
Ja me läpäisimme orjantappurapensaan,
    kuljimme läpi tulen,
    halki hengettömän autiomaan.
Me muutuimme pieniksi muurahaisiksi
    ja hoidimme häntä,
    joka oli yhteistä lihaamme
        ja vertamme.
Mutta uusi päivä koitti,
        uusi huomen,
    tuoden mukanaan armon
    ja lämpimän sateen.

Ole minun

Kastele kukkia aamulla,
    tulen luoksesi hymyillen.
Sinun pehmeä ihosi,
    kuin terälehden hipaisu
        sydämeeni,
    avaa luukut autuuteen.
Valmista minulle ateria,
    jonka syvin olemus on
        rauha ja rakkaus,
    juoma jossa virtaa elämän
        eliksiiri.
Hiivi minun reviirilleni
    ja hengitä samaa ilmaa.
Käperry kainalooni kerälle
        kuin kissa
    ja ole minun.

Sinun

Sinun vartalosi hehkuu,
kuin hiillos kammin tulisijassa,
säteilet kilpaa tähtien kanssa,
olet jokainen vuodenaika.
Kukit kuin lumi omenapuun oksalla,
valaiset kesäyön unelmaa,
olet virtaava puro,
jonka rannalla rauhoitun.

Rakastunut

Rakastunut ei tunne nälkää,
läheisyyden tarve sulkee
muut tarpeet ulos,
kyyneleet muuttuvat helmiksi,
kosketus soi musiikkina aivoissa,
kaipuu on katkeransuloista nektaria.
Sinä olet aurinko,
sinä olet kuu,
sinä olet tähdenlento.
Mitä toivoisin?
Kun on rakastunut, on kuolematon,
sitä ei voi kuolemakaan erottaa,
siirrymme vain ajasta ikuisuuteen.
Vaikka elämä lyö lujalla kädellä,
niin rakastuneet sinnittelevät yhdessä.
Haavoittuneina, rampoina ja vajavaisina
he toisiinsa nojaten siirtyvät katsomaan
viimeistä auringonlaskua.
Toivoisin olevani tukenasi kivikoiden
ja karikoiden, tulen ja jään ylittäessämme.
En antaisi vaikeuksien voittaa,
vaan silloinkin rakkauteni sinuun kestäisi.

Paina play

Paina play ja ole kanssani,
kuin saviruukku kuutamolla,
kunnes läkähdyn.
Souda kanssani sinne
missä joet yhtyvät,
sininen ja valkoinen,
rakasta.
Auringonlaskusiltaa kiirehdimme
yöhön,
joka sulki meidät iloon.
Iloon jolla peitimme surumme,
johon olimme syntyneet.
Ja pehmeä valo laskeutui sydämiimme,
virvoittaen meidät unesta,
ikävästä.
Yölintu kertoi tarinaamme
läpi pimeän
kohti auringonsiltaa.

Sinulle

Sinä olit aurinko tähdet ja kuu,
        sinä olit avaruus,
mitään muuta ei ollut minulle
        kuin sinä.
Kun rakkaus räjähtää,
        kaikki muu katoaa.
Sinä olit syksyn ruska,
        talven puhdas lumi,
        kevään hellä vehreys,
        kesän kukkiva ruusu.
Sinä olit täyttymys rinnassani,
        sinä olit ahdistus.
Minuutti erossa tuntui vuodelta,
tunti yhdessäoloa tuntui sekunnilta.
Rakkaus on tunteiden tulivuori,
räjähtävää onnea ja tuskaa.

En halua unohtaa näitä tunteita,
        että ymmärtäisin,
miten tärkeä olet vieläkin.

Kultahääpäivä

Palasin keijun aikaan
ja hän muistutti minua tulevasta.
Muista että seisot aina tienhaarassa,
kuten 50v sitten kun menit naimisiin.
Aina et voi valita polkua, vaan elämä vie,
eikä se aina ole mukavaa.
On ylä- ja alamäkiä ja yllättäviä mutkia, seiniä.
Kaikista käänteistä huolimatta elämä on kaunis,
kun katsomme ympärillemme,
emmekä sulje silmiämme kauneudelta.
Juuri nyt kun kesä on puhjennut loistoonsa,
voimme nähdä kukkien loiston,
kuulla lintujen laulun,
tuntea auringon lämmön,
haistaa kukkien tuoksun.
Nyt kun olette olleet yhdessä puolivuosisataa,
niin muistelkaa avioliittomme hyviä hetkiä
ja yrittäkää löytää liittonne alun henki.
Tukekaa ja rakastakaa toisianne,
kun elämän ehtoo odottaa tuntemattomana.

Keiju liitti kätemme yhteen rakkauden liinalla,
kuljetti meitä ilmassa ja tuulessa,
antoi meidän tuntea kaiken
väkevämmin kuin koskaan,
antaen meille voimaa tulevia koitoksia varten,
sillä me jo tiesimme, että mikään ei ole ikuista,

paitsi rakkaus, sanoi keiju.
Valtakunnat sortuvat, yksilöt kuolevat,
opit ja uskot katoavat,
mutta rakkaus ei koskaan,
rakkaus on ikuinen.

Keiju kysyi, mitä sinä eniten kaipaat?
Läheisyyttä, että on joku,
joka halaa minua, kosketusta,
lämmintä syliä, tuntea tulleensa rakastetuksi.
Te olette onnellisia, teitä on kaksi,
pitäkää kiinni toisistanne,
vaikka elämä murjoisi teitä.
Älkää antako minkään estää onneanne,
rakastakaa elämänne loppuun saakka.

Läheisyys

Läheisyyttä minä kaipaan enemmän,
kuin suklaata ja viiniä,
hellää kosketusta, hyväilyä.
Viini muuttaa kaipuun himoksi,
läheisyys rakkaudeksi,
joka antaa pehmeän rauhan.
Siksi tunnen tarvetta koskettaa,
      tulla kosketetuksi.
Olla kuin joutsenpari lammella,
kaulat kiertyen toisiaan vasten.
Kyyhkyspari kuusenoksalla,
rakastaen ja tulla rakastetuksi,
      on avain onneen.

Valoni

Vieläkään haluni sinuun
ei ole sammunut,
vaikka elämä runteli meitä,
raekuuroin ja salamoiden räiskyessä,
heitellen esteitä tiellemme,
puskemme läpi ryteikön
toisiimme sitoutuneina.
Sinä olet minun valoni
keittiössä puuhatessasi,
                kissaa ruokkiessasi,
vadelmia poimiessasi.
Sinä päästät minut rakkauteen,
kivuistasi ja säryistäsi huolimatta,
minut, vioittuneen puutteineen.
Sinä olet minun valoni,
joskus myrskylyhty,
               kuun hohde
ja yhä uudelleen
lämpöä antava aurinko,
rakkauden tulipalo,
yli ihmisen elämän.

1+1=1

Ja kun me tulemme yhdeksi,
niin maa järisee,
tulivuoret purkautuvat,
         rajuilma iskee,
tsunami nousee maalle,
mutta me rakkaani
laskeudumme lepoon ja rauhaan,
missä mikään ei horjuta onneamme.
Olemme saavuttaneet tilan,
joka on kaiken ulkopuolella,
on vain maailma ja me,
johon kuulumme olematta siinä.
Se on meidän yhteinen salaisuus,
se on vesi hanhen selässä,
huutavan ääni korvessa,
         se on jotakin,
mitä ei ole meille,
meille on vain me,
         rakkaani.

Sininen metsä

Minä hiivin
    sinisen metsän halki,
        etsin varjoasi.
Käsivarteni haaroittuneet oksat
    rinnoillasi.
Vuosirenkaiden paine
    torsollani.
Mahla virtaa hiljaa
    kuin Don,
kavuten viimeisillä voimillaan.
Niin ovat hetkemme juosseet
    ristiin,
lämpömme sulaneet
    yhteen,
ajatuksemme auenneet
    toisilleen
    rakas.

Sinä olit siinä

Minä söin toivottomuutta
    kuin halpaa makkaraa,
    nielin polkua pölyineen
        sateineen.
Vaelsin arjen mustassa liemessä.
Ruumiini kävi kuin kone,
    tunteeton.
Juuri kun olin luovuttanut,
    menettänyt tarkoituksen,
    sinä olit siinä
    ladattuna elämään.
Katseesi kutsu
    sai sieluni värisemään.
Kätesi kosketus
    koskeni kohisemaan.
Minä janosin lämmintä syliäsi,
    rakkautta.

Olit pehmeämpi
    kuin pumpulipilvi
        taivaalla.
Sinun sylisi lämpö
    valoi uskoa iankaikkisuuteen.
Äänesi soi kauniimmin
    kuin yhdenkään linnun laulu.
Olit kaikki.
Olit vain sinä,
    minä sylisi lämmössä
        lepään.

Astorgan hostelli

Astorgan hostellin hämyisä huone,
kiitävät varjot,
kiitävä mieli,
caminon hehku jäsenissä.
Rakastin sinua tulitukka,
unikon loiste,
haikaran liito,
kanervan tuli sydämessä.
Enkä minä muuta kaivannut
kuin lämmintä syliäsi
ja ihosi kosketusta
ja rinnalla kulkemista.
Bodegan tarjoama jumalten juoma
kosketti huuliasi,
se ravitsi sinua.
Sinä astuit yli vuorien
ja halki laaksojen.
Varjomme jätti caminolle jäljen,
se kertoi kaikille,
että sinä olit täällä
oi tulitukka.

Kun intohimo kuolee

Kun intohimo kuolee,
  mutta rakkaus jää,
 se on kuin lämpöistä unta,
      linnunmaitoa,
      kuun hopeaa,
 hehkuva hiillos takassa,
 pyyteetöntä välittämistä,
 käsillä kantamista,
 kaikkensa antamista.
Kun kyllänsä saaneena annat,
  saat kaksin verroin hyvää mieltä,
      koet täyttymyksen,
 joka lankeaa pehmeänä sateena
      viljavaan maahan.
Maahan jossa kasvatte yhteen,
      kukoistaaksenne,
 vaalikaa tätä ihmettä,
      onnea.

Sinä

Sinä olit uni menneisyydessä,
nyt elämme tätä unta,
kuin kaksi purjetta horisontissa
keskellä aavaa ulappaa,
simpukankuoret rannalla
tuulen ja aaltojen vetäminä,
    mutta me elämme
ja otamme vastaan myrskyt
    ja sateet,
kestämme paahtavat päivät
    ja kylmät yöt
Mutta me rakastamme,
kuin vain enkelit voivat rakastaa,
olemme uskolliset toisillemme
    kuin joutsenet
ja kun toinen nukkuu pois,
niin toinen elää muistoineen
    omaan uneensa.

Rakkaani

Pysähdy luokseni rakkaani,
vie minut matkalle
pehmeisiin uniin.
Juo kanssani nektaria,
kallista lasi tintoa,
jossa on auringon valoa,
etelän lämpöä ja rakkautta,
vuoripurojen raikkautta ja
hyvän elämän eliksiiriä.
Juovu onnen hetkistä,
juovu rakkaudesta.
Lähde kanssani matkalle,
tuntureille tuulisille,
ruskan väriloistoon,
revontulten hehkun alle.
Poimikaamme mustikoita,
onnen pieniä perunoita
onnen kultakoriin.
Kultakori kukkuroillaan
elämämme iloksi,
rakkautemme sinetiksi.

Mittaamaton

Kun tulin kotiin,
en tullut tyhjään tilaan,
sinä olit siellä,
valo ja lämpö.
Kenelle olisin purkanut sydämeni,
kenen kanssa jakanut huoleni
ilman sinua,
olisin vajonnut pimeyteen,
kylmyyteen.
Hellä kosketus, hyväily,
askeltesi kaiku lattialla
täytti tilan,
en ollut yksin.
Ilman läsnäoloasi
olisin vaeltanut tyhjissä huoneissa,
yksinäisyydessä,
etsinyt rauhaa rauhattomuuteeni.
Sinun arvosi on mittaamattomissa,
arvo jota tavoittelen,
meidän yhteinen arvo on
kolme.

Juuri nyt

Juuri nyt vailla kipua,
           juuri nyt
kätesi ovat enkelin siivet,
mielesi unettomassa unessa.
Herää rakkaani pehmeään päivään,
           valoon,
auringon kirkkauteen,
taita talvelta siivet,
           kivulta ote.
Lähde uusin jäsenin, mielin
           polulle,
jossa löydät rauhan,
           rakkauden
ja saisit vielä kokea ajan
           vailla kipua.

Hipaise poskeani

Rakasta minua silloinkin
        kun mieleni järkkyy,
                muistini hiipuu
        ja olen poissa,
                läsnä.
Kosketa minua siten
        kuin nuoruuteni päivinä,
        hipaise poskeani huulillasi,
                silitä päätäni,
        laske kätesi sydämelleni.
Katso ohi rapistuvan kuoreni
        ja näet minut kuin ennen
                ja tiedä,
        se oli, se on
                ja tulee olemaan.

Rakkaus vyöryi

Rakkaus vyöryi ylitseni
    kuin leuto lounaistuuli.
Olimme ikuisuuden
        ilossa
    ja rakkaudessa,
    vihreiden niittyjen
    ja safiirinsinisten
        vesien äärellä.
Olimme ruusujen ja jasmiinien
    aromien huumaamina.
Kävimme rakkauden kylissä,
        vuorilla
    ja virroilla.
Koimme jumalaisen rakkauden,
    joka teki meistä yhden,
    joka otti ja antoi kaiken.
Se oli valoa ja kauneutta.
Keijut tanssivat
    ja enkelit lauloivat.
Se oli täyttymyksen hetki.
Me olimme yksi
    ja me olimme kaksi.
Meidän solumme lauloivat ilolaulua
        ykseydessä,
    se oli silkkaa ylistyslaulua.

Kaunis

Sinä olet kauniimpi kuin ruusu.
Millainen on ruusu?
                    Kaunis.
Sinä olet kauniimpi kuin kaunis,
      päivänpaiste silmissäni,
      punainen vilja huulillani,
      ilma jota hengitän,
                    sinä.
Olet musta aukko avaruudessa,
      vedät puoleesi,
                    liität,
      tuli sydämessäni,
      elämän synnyttäjä,
                    vaimo.
Jatkumo kaikelle
      että me tietäisimme,
                    tytär.
Pesä levottomalle,
      turva varsalle,
      anteeksianto, armo,
                    äiti.

Kärsimyskukka

Ja meidät luotiin vaivaan. Kyse on siitä sallimmeko
me siitä kasvavan kukkia.

Se on viisautta

Yön tulessa palavia näkyjä,
kasvoja pilviin revityissä aukoissa,
           pyörteitä,
avaruuteen johtavia tunneleita,
           jumalat.
Vuoret joissa sudet ulvovat,
     tulikettujen soidinlaulu.
Minä olin yhtä kaikkeuden kanssa,
           avaruus.
Näin tähtien syntyvän
     ja ampuvan näkymättömiä luoteja
     ja tiesin niiden osuvan
     maailmojen tuhoojaan.
Maailma kuoli ja syntyi,
     mutta elämän muisti taltioi kaiken.
Poppamiehet tanssivat nuotiolla
     ja kohtasivat heidät,
           heidän henkensä.
Ja heille kerrottiin,
     sinäkin olet elämänpyörässä,
           rakasta,
     se on viisautta.

Valot sammuivat

Valot sammuivat,
    kun voimalat käynnistettiin.
Pimeys tuli maailmaan
    valkeuden myötä.
Arvot mitattiin rahalla,
    rakkaus oli kauppatavaraa.
Köyhien yli käveltiin,
    neuvokset nostettiin jalustalle.
Kaikkea piti olla sata kertaa sata.
Rakkaus liiteli horisonttiin,
    ahneus saapui syöksyvirtauksena,
    auttaminen ammuttiin alas.
Yksinäisyys kasvoi elämää suuremmaksi
    ja luonto kuritti
    ikään ja asemaan katsomatta,
    puhumattakaan sukupuolesta.
Eikä meillä ollut enää sanoja,
    loitsuja
    omantunnon herättämiseksi.
Narkolepsia ja narkomania vapautti
    hetkeksi.

He aloittivat aina

He aloittivat aina,
                    minä
ja hapuilivat pitkin katuja.
Imuroivat kaikkea saastaa ympäriltään
ja palasivat alkuun.
Silmätön särki tuijotti
haljenneita verkkoja.
Levoton mieli nousi pilven reunalle,
                    intiaani itki.
Tuulesta temmatut vihreät suomut
                    sylissämme
luimme pyhää kirjaa.
Me aloitimme aina,
                    amen.
Isotikka takoi päätään
                    kuivaan hopeapajuun
                    ja huusi.
Sinä kävelit kuin kukkanen
                    prinsessan askelin,
tassut pehmeästi lattiaan.

Nyt

Puhdasoppinen veren syömä
                käärmeenkorva
luikerteli kanervikossa.
Avaruus viskeli maahan
          pieniä kiviä,
          suuria suruja
ja ilon aiheita.
Me kannoimme kiviä sydämissämme,
     vaikka olisimme voineet tanssia.
Tanssia valkosukkaiselle kissanpennulle,
     joka eli tätä hetkeä,
          vailla murheita,
          paineita ja pelkoa.
Me tavoittelimme tulevaa
     ja surimme menneitä
     ja unohdimme hetken,
          tämän hetken,
     joka on meille annettu,
          elettäväksi
          nyt.

Kaikki on valjastettu

On aina palattava alkuun,
                    juurille,
hahmotettava koko kasa,
että ymmärtäisimme
mitä kiville tapahtui.
Sillä niin kuin lumi sulaa,
                    kivi haihtuu
ja ilo pyörii pölynä ilmaan.
Tiivistymistä tapahtuu
           kaikesta huolimatta.
Onni tulee klimppeinä,
           valuu sormista,
                    kyyneleet.
Hetki oli vain huokaus
           ennen masennusta,
                    apatiaa.
Kaikki on valjastettu,
           että emme ehdi ajatella,
                    muistaisi.
Turrutamme itsemme elämältä,
                    itseltä.

Olen aikani vanki

Kasvoni loistavat
    kelmeää lokakuun valoa,
        on ilta.
Katson maailmaa
    aikakausien halki,
        sumennein silmin.
He kiitävät tulevaisuuteen,
    en jaksa,
    en pysy mukana vauhdissa.
Koteloidun omaan ikääni,
    aikaani,
    olen aikani vanki.
He tulivat avaruudesta,
    virittyivät uudelle taajuudelle,
    minua eivät virittäneet,
        muukalaiset.
He loistivat kovaa valoa,
    polttivat keijuja ja enkeleitä
        armoa tuntematta.
En kestänyt katsoa sitä,
    sitä ei kestänyt katsoa
        itkemättä.

Mutta musiikki jää

Me seisoimme rivissä,
          eturivissä,
     rakkauden puolustajat.
Mutta minkä me voimme heille,
     joilla on voima ja valta.
Ja tankit vyöryivät ylitsemme
     ja söivät lihaamme,
          joivat vertamme,
     mutta rakkaus jäi ilmaan
               soimaan.
Tankit ruostuvat,
     ruumiit maatuvat,
     mutta musiikki jää.

Orja

Irti itsestäni,
    vaellan basaarien tungoksessa,
    ajatukseni punaista vaahtoa,
        hattaraa.
Kuin enkeli
    leijun ihmisten keskellä
        ja ostan.
Ostan vailla tuntoa
    ja henkeni viipyilee
    olematta mukana.
Kannan kasseja kuin koditon
    koko omaisuus mukanaan.
Olen turhien tavaroiden vanki,
    pannalla ja ketjulla sidottu
        orja.
Sieluni etsii ulospääsytietä
        turhaan.

Sinisten suonten lumi

Uutta pehmeää lunta kirsikan oksille
           vaahdotettuna,
  sydäntalven valaistessa maisemaa
        hämyllään.
Sinisten vessojen siniset lamput
  kätkevät sinisten suonten
        lumen,
unten maille sielu painuu.
Laukkaavat koirat koivikossa,
  haukkaavat madot soluja syövät.
Näetkö kesän,
  koetko talven
        ihminen,
  tunnetko sykkeen elämän?
Siellä ne ovat, nurkissa pyörivät
  pirut ja perkeleet.
Mustat pilvet maata pyyhkivät,
  kuoppia kaivavat.
Hauta on valmis hangen alla
  käydä uneen ainiaan.

Hajaannuksen satoa

Minne häipyi surun syömä koiperhonen,
tuulen jumala,
ontuva kiviporamies?
Sinne minne juoppoja haudataan
ja hevosille annetaan
kauraa.
Kahtia jaettu kaupunki
vapaan markkinatalouden
sylissä
mehiläiskuningatarten hoidossa.
Työläiset, kuhnurit ja onnen sepät,
kuningatar tihkuu hunajaa.
Virheellinen koodi leikkaa
hajaannuksen satoa.

Kärsimyskukka

Kärsimyskukka ikuisuuden tarhaan istutettu,
    että me ponnistelisimme
    luovuuden syvissä vesissä
        hakien rauhaa,
    kuin sohjossa kävelijät.
Me naulitsimme itsemme
        ristille
    astuessamme aineen maailmaan
    taistelemaan reviireistä,
    joiden rajat ovat kuin ilmaan
        viilletyt iskut.
Hakemaan hetken huvia
        kaaoksen keskeltä,
    hetken hekumaa
        tulesta.
Nauroimme fakiireille,
    vaikka he olivat jo tavoittamattomissa
        siellä
    mistä emme osanneet uneksia.

Heinäsirkkamies

Minä olen valoon nostettu
heinäsirkkamies,
kaivinkoneen kuljettaja,
lumenkaivaja,
unen valaja.
Enkä minä pysynyt sillä kivellä,
vaan lipsuin hämärään
yöhön
ryhdyin työhön,
joka ei kestänyt
valoa.
Valoa joka olisi pessyt minut
puhtaaksi,
avannut oven ymmärrykseen,
viisauteen.
Niin kauan kuin hiihdän
pimeässä laaksossa,
olen eksyksissä
itseltäni.

Minä kriitikko

Sinua minä katsoin,
    joka valutit sydänveresi
        pergamentille
    ja avasit sydämesi
        minulle.
Eikä minulla ollut viisautta
    olla arvostelematta.
Näin vain itseni kukkulalla
        etsien virheitä,
    vaikka olisi pitänyt tuntea
        rakkautta.
Mikä minä olen sanomaan,
    mitä sinä tunnet
    ja miten sinun tulisi tunteesi
        ilmaista.
Sydämen puhtaus,
        kunnioitus
    elämää kohtaan
    tekee työstäsi oikean.
Kaikki muu on turhaa.

Kuun värähtävät siivet

Kuun värähtävät siivet,
   kaukana haaveet,
      kukkiva metsä.
Ruosteinen suru
   sumun takaa
      ahdistaa.
Hiipivät tassut ympärillä.
Avaruus työnsi miekkansa tuppeen,
   tähtien surma.
Taivaalla kiitää komeetta,
      rakkaus.
Valokehä
   jakamaton onni,
      uusi aika.
Tähtien paluu
   siniseen metsään
   usvan takaa
      kurkistaa.
Jakamisen aika alussa,
      juhlat.

Tähtimalja

Sydänkäpynen,
    avaruuden luutuneet unelmat.
Minä katsoin syvälle
    katseeni taakse
    ja join sitä verta
    jota usvasta vuoti.
Taivas raotti tulevaisuutta
                tuleville,
    mutta minä olin menevä.
Menevä siihen saumaan
    johon sudet juoksivat,
                vääräsääret,
                ulvojat.
Kerran koittaa aika
    jolloin minäkin näen sen
    mitä tuleville näytetään
            ja valaistun.

Kylmäojan rannalla

Hahmottakaa seinähirsien määrä
ja tilkitkää lumpeita.
Siitä tulette saamaan palkkanne
taivaassa
ansionne mukaan.
Hämärän yllä leijailee
sädekehä
viinimalja.
Tuhannen yökön sormustimet,
pohjaan palaneet pakoputket
nousuhumala.
Ja minä itkin kylmäojan
rannalla,
jonka piti kuljettaa
kaikki se saasta
jota ihminen tuottaa.
Ja se höyrysi pakkasella
kuumeinen lähde.

Hukassa

Hukassa
ajatusteni takana piilossa
elämä.
Vellova vesi,
juokseva koira,
verenpunainen taivas.
Taivas kuinka vaativaa
olla ihminen.
Sitä he vaativat meiltä
sumupilvessä vaeltavat
ja kuljettavat meitä
reunalle,
kuilun reunalle.
Silloin kun kaikki on
kirkasta ja selvää,
on liian myöhäistä.

Teit kuolemaa

Sinä teit kuolemaa,
minä itkin ja kirjoitin
kuin hullu koira.
Runot pyörivät suonissani,
syöksyivät paperille
myrskynä.
Myrskyn tauottua ne ropisivat
pisaroina.
Sinä poistuit luotamme,
minä synnyin uudelleen,
koin valaistumisen hetken.
Havahduin tähän hetkeen
oravanpyörästä.
Olin ollut unissakävelijä
nukkuvien joukossa.
Tein tuttavuutta kuoleman kanssa.
Hän on tosi, fakta.
Aloin hyppiä ja kirjoittaa
ja uskallan elää
todellisuudessa.

Osa kaikkeutta

Uneen sekoittuneet salamat
jylynä aivoissani,
sinä.
Elosalaman havahduttamana
huudat kaatosateessa
kissaa.
Kissaa joka lymyilee
yön varjoissa,
hymyilee
kuusen varjon alla.
Istun terassilla,
sade lankeaa lävitseni,
olen osa kaikkeutta
ilmaa ja tuulta.
Sulaudun tulvaan
poisnukkuneiden kanssa.
Hetken aikaa
sinä, minä ja he.

He laulavat

He laulavat sanoja
    jotka eivät kaiu kuulevan korviin.
Sanoja jotka liukuvat ohi
    ennen kuin ne nieltiin.
Sanoja jotka syöksyivät
        niveliin.
He huusivat halki tuulen
    ja muuttuivat huminaksi.
Enkä minä ymmärtänyt
        sitä ääntä
Baabelin tornissani.
Korvani virittyivät avaruuden
        taajuudelle
    ja vaikka sinä huutaisit
    en tietäisi itkeäkö
        vai nauraa.
Sitä ainutta ja oikeaa
    viulukonserttoa kuunnellessani
    minä tajusin,
        heräsin
        todellisuuteen.

Mustan keskellä valoa

Minä kiipesin mustaan
    ja ihmettelin sitä valoa,
    joka maasta hohti.
Minä näin vehnäpellon
    syysauringon kilossa,
        kultaa
    ja minä huusin,
    tule luokseni rakkaus!
Otin miekan huotrasta
        ja taistelin
    sinun puolestasi
        oi Gaia.
Kyyneleeni vuosivat
    jokaisen olennon puolesta
    joka haudattiin
        sukupuuttoon
    ja iloitsin teidän vuoksi
    jotka jaksoitte elää.
Sillä minä näin
    mustan keskellä valoa.

Ostoskeskukset

Ostoskeskukset kasvoivat
    kirkkoja suuremmiksi.
Käännyin itseeni päin kysyen,
    mitä minä tarvitsin?
Arkunnauloja, arkunnauloja,
    kaikkea muuta oli tarjolla,
        syö suvea,
    matkusta avaruuteen
    ja osta onnea
        tuontitavarasta.
Kahlaa vuoriksi nousevilla
        kaatopaikoilla.
Vuorivillaa seinäntäytteeksi.
Lapset lankesivat tavarajumalan eteen
    ja se vyöryi heidän ylitseen
        kuin veturi,
    eivätkä he tajunneet
        mitä tapahtui.

Väsyin

Minä väsyin siitä unesta,
    siihen uneen.
Ei koskaan tullut valmista.
Unta koko elämä,
    kömyäminen kujilla,
        kujanjuoksu.
Ravattiin vuosikymmenet
    tietämättä minne,
        miksi?
Joskus kierrettiin tahkoa,
    nyt kierretään itsemme
        ympäri
    ja ruuvataan korkkeja
        auki.
Viisas piilotteli tarkoitusta,
    siksi me yhä kysymme
        sitä samaa
    ja lisääntyminen jatkuu
        vailla vastausta.

Yli aivojeni hämärän

Veden nousu yli aivojeni hämärän,
    samean,
läpi unen kohinan.
Syvyyksistä nousseet lonkerot
  maalla, laukkaavat sudet
  syövät nurkkaa,
     kivijalkaa.
Yli pauhun
  veden viemät lapset
    huutavat.
Eivät ymmärrä
  miksi taivas repesi
    heidän yllä.
He katuvat tekemättömiä syntejään,
    puhtaat.
Se ei kysynyt syyllisyyttä,
  kun se lauloi yli laakson.

Uni juoksi pakoon

Myrsky soitti pasuunaa,
    minä tahdoin rakastaa
        aina.
Tänään hyvänä jumalan päivänä
    kaikki sopi kaavaan,
    vaikka maailma oli rikki.
Tuhannet kynttilät sulaneet,
    vaha juotu,
    vahakangas syöty,
    hevoset teurastettu.
Hopeahapsinen ukko,
    riikinkukko,
    kasvoista kasvoihin tavoitteli
        elämää.
Sade piiskasi aivoja,
    hermokeskuksen päällä tanssi
        romahdus.
Huuto kuului yössä,
    uni juoksi pakoon.

Yön varjoihin

Pilven takaa väijyy
    parvi autojen.
Pakoputken varjot
    hiljaa valittaa.
Kuusta etsii vettä ihminen,
    kun vesimassa ryömii
    suomut silmillään.
Talot nousevat varpailleen yskien,
        aivastellen,
    kun puut juuriltaan juoksevat
        karkuun.
Säteet auringon lassotaan
    ja maahan sidotaan
    hiilidioksidilangoin.
Lasten nauru raikuu
    viileydessä rotkojen.
Yön varjoihin on elo muuttanut.

Kiviporamato

Olin enkelien piirittämä
   kiviporamato,
      nuljaska.
Sinä katsoit minua
      turvesuolla
   tähdenlento.
Ravistelin olutta nutustani
   ja mutustelin
      kaalinpäitä.
Kehäkukka, päivänkakkara
   ja kissankello,
   kuin riivattu riistin henkenne
      maljakkoon
   ja hyräilin laulua kukalle.
Kellastuneet sormeni tekivät kuolemaa.
Minä elvytin niitä kuumeisesti
   kuumalla vedellä,
   pesäpallomailalla,
      vaivalla.
Elämä palasi yskähdellen
   vielä kerran,
      kerran vielä.

Tähtien takana

Synkkyys syö sydäntä,
  lopputili elämästä,
        ei jaksa.
Loputon päivien jono edessä,
  harmaa toistuvuus,
        ei kestä.
Tähdenlento kutsuu,
  toiveikkuus tähtien takana,
  elämän tuolla puolen.
Houkutus liian suuri,
  seireenien kutsu sydämessä
        sulaa.
Oman käden oikeudella
  ruumis taistellen,
        henki poistuu.

He eivät uskoneet,
        myöntäneet
  työtaakan painaneen
  omantunnon syistä.
He tietävät kuitenkin,
  totuus on tähtien takana.

(Töiden takia itsemurhan tehneiden muistolle.)

Hammaslääkäri

Hammaslääkäri
    ei puuduteta.
Minä siirryn pois hampaistani
        sormenpäihin.
Katselen maailmaa kynsien kautta,
    valun polviin,
        jalkateriin.
Solahdan lattian läpi avaruuteen.
Kauriinsilmät
    suuret ja kosteat
    lempeyttä täynnä.
Kaleidoskoopin pyörre työntää minua,
    vetää minua
        puoleensa.
Kloorin tuoksu syvällä hampaissani
        eheyttää.
Se oli siinä,
    kävelen kadulla,
    muistitikku aivoissani
        lahoaa.

Leijonanruoka

Säännöt sikisivät kuin
        citykanit,
leijonanruoka.
Polvet notkuivat uimastadikalla,
   merkkien viidakkopolku,
      rikesakko.
Lokit kirkuivat
   merenkulun historiaa,
      huuto maailmalle.
Ne seurasivat ravintolasta poistuvaa
      buliimikkoa,
päästäkseen apajalle kirkuen,
      taistellen.
jokaisesta herkkupalasta.
Ja maapallo lämpeni huomaamatta,
   sillä se ei ollut tärkeää,
      ahmiminen oli.
Eikä sille ollut sääntöä,
   sillä olihan se ahneuden veli,
      kuluttamisen sisko.
Kaikkihan sitä tekivät
   tai ainakin melkein.

WCon.com

Syökää myrkkyä
    ja ulostakaa ruusuja,
    että teillä tuoksu olisi.
Tuoksu joka huumaisi norsun
    ja saisi perhoset laulamaan
        tangoja
    seitsemällä kielellä.
Ja suorittakaa oppiarvoja,
    että oppisitte olemaan
        ihmisiksi.
Kaikenkarvaiset ystävämme
    ylistäisivät viisauttanne.
He eivät näe numeromuurin läpi
        todellisuutta,
    sydämen kylmyyttä.
        rakkaudettomuutta.
He näkevät vain viiden tähden
        diplomin
    ja luulevat sen olevan pääsylippu
        taivaaseen.
Maasta sinä olet tullut.

Yhden ajan loppu

Hän tuoksui kakkosneloselta,
    kuusenkyyneliltä ja
        navetan ylisiltä.
Mäntysuovan hajustamat räsymatot
    lauloivat
    lähimenneisyydestä.
Saranoillaan repsottava
    haan tukema ovi
        huojui tuulessa.
Nurkan takana nokkospuska
    voi hyvin.
Olkikatolla kasvoi heinä,
    puun taimenet, kukat,
        voi luoja.
Alimmat hirret painuivat
    maata vasten kasaan,
    kuin välilevyt vanhuksen
        selkärangassa.
Rotat juoksivat hirsiin kaivamissaan
    tunneleissa.
Uudet kakkosneloset pihassa kertoivat
    yhden ajan loppuvan.

Finlandia

Finlandia
    vähän matkan päässä sieltä,
        sieltä jostain
    ikiaikaisten savujen takaa.
Kieroon kasvaneet visakoivut,
        vääräleuat
    vaativat osansa
        vapaudesta.
Aikana jolloin päivä näyttäytyi
    harmaana läiskänä
        kaamoksessa.
Silloin he julistivat itsenäisyyttään
    ja pitivät siitä kiinni
    kuin koira luustaan,
    vaikka henki menisi
    ja monen menikin.
Nuoret miehet vuodattivat verensä
    valkoiselle hangelle
    ja maata nakerrettiin,
    mutta vapaudesta ei luovuttu
        koskaan,
    kun se kerran oli
        saavutettu.

Luojan kämmenellä

Istun yksin terassilla,
jostain tanssii korviini
sävel.
Et itkeä saa Argentiina.
En itkeä saa
vaikka talvi on lähellä
ja hiukseni valkoiset
kuin lumi.
Keijunmekko hivuttautuu
kohti räystästä.
Varpunen lentää kädelleni
anovin silmin.
Mielenliikutuksen vallassa alan
laulaa.
Aurinko hyväilee poskeani
linnun sulin.
Varpunen vastaa lauluuni,
visertelemme toisillemme.
Olemme saman luojan kämmenellä
molemmat.

Katkeran suloinen

Katkeran suloisia hetkiä
nuoruuteni tanssilavoilla.
Pölyinen kylätie,
lava joen rannalla,
lauantaitanssit.
Joki puhaltelee usvaa,
elokuun viljapellot tuoksuvat
joen takana,
kuu valaisee maisemaa.
Saunapuhtaat nuoret etsivät onnea,
rakkautta.
Vartalot painuvat toisiaan vasten,
laulaja laulaa,
"aavan meren tuolla puolen."
Huulet kuiskivat kauniita sanoja,
suutelevat.
Sydämet sykkivät täysillä,
niin kuin vain nuoret
sydämet voivat.
Parfyymien tuoksut huumaavat,
sekoittavat pään.
Liian pian
viimeinen valssi.
Katkeran suloinen yksinäisen paluu
halki viljavainion
kotiin.

Aurinko loikkasi kuusen latvaan

Yön ja päivän rajapinnassa
    aurinko loikkasi kuusen latvaan
    ja alkoi laskeutumisen maahan
        oksalta oksalle.
Linnut olivat tohkeissaan
    joka aamuisesta esityksestä
    ja selostivat tapahtumaa
        samanaikaisesti,
    kuin pienet lapset
        ääntään korottaen.
Metsän kansa hieroi unisia silmiään
    ja venytteli raajojaan.
Ne lähtivät varovasti liikkeelle,
    tunnustellen maan ja raajojen
        kestävyyttä.
Aurinko suuteli maata
    ja joi yökasteen lehdiltä.
Kaikki oli valmista uuteen päivään.
Kasvit aloittivat yhteyttämisen
    ja mehiläiset pölyttämisen.
Luonto lauloi,
    elämä on ihanaa.

Tähtihetki

Tähtihetki,
　　saranoiltaan vääntynyt taivas,
　　　　kaatosade.
Harmaa repaleinen hetki
　　　　ajattomuudessa.
Olen menettänyt kaiken,
　　niin luulen,
　　mutta kuulen äänen avaruudesta.
Esi-isien henget kutsuvat elämään,
　　kuten ihmisen kuuluu elää,
　　　　elämää
　　ja äiti maata kunnioittaen.
Olen symbioosissa äiti maan kanssa,
　　kuten lapsi kohdussa.
Kaikki mitä teen maalle,
　　　　teen itselle.
Vaalin rosoista pintaasi
　　ja tunnen yhteyden
　　　　kaikkeen.
Rummut kutsuvat,
　　kuin sydämen lyönnit
　　　　rakkauteen.

Kohtalon hetket

Kohtalon hetket elämän
    rullaportaissa,
            nousuja
            ja laskuja.
Syöksy syvyyteen
    jumalan kämmeneltä.
Ruskeaksi värjäytynyt tuonenjoki
    ja silta,
    joen takana avoimia kysymyksiä.
Harhan maasta havahdumme
    toiseen todellisuuteen.
On sadonkorjuun aika,
    vilja on kypsää.
Ruskeat pyöreät käsivarret
    ottavat uunista tuoksuvaa
            uutisleipää.
Se on täytetty,
    ahnaat kädet tarttuvat leipään,
            suu ylistää,
            vatsa kiittää.
Viinilasi on nostettu huulille,
            sydän palaa,
            mieli sulaa,
            täyttymys.

Maa juo vettä

Sade ropisee,
  vesi litisee nurkissa,
  kuurot ajavat toisiaan takaa.
Aurinko yrittää kurkistella
        pilvien välistä.
Orava kyyröttää kuusen oksalla,
        jänis alla.
Maa juo vettä
  kuin märkä sieni.
Minä kuuntelen sadetta,
        pauhua,
        kohinaa.
Puut ravistelevat vettä harteiltaan,
        puro tulvii.
Ei kukaan ihminen
  voi muuta kuin toivoa,
  sillä valta on muualla.
Aika on sateen
  ja aika on poudan.
Tässä tilassa on elettävä
        ihmisen.

Juokse porosein

Unen harsovaippaan kääriytyy
                    ihminen,
yhtä ymmällään kuin lapsonen
                    vaeltaa.
Aina matkalla sinne jonnekin
                    määränpäähän,
joka on aina edessä,
                    tavoittamattomissa.
Juokse porosein
          sillä peti on sijattu.
Tahtoisin
          mutta monta kiveä on
                    kääntämättä
          ja koskea polttamatta.
Rakkauskin lentää kuin
                    hyttynen,
                    koskaan et voi tietää
          milloin se iskee
          ja imee veresi.
Tässä unessa kellun, kellut,
                    kelluu
          vailla kompassia.

H-hetki

Keuhkoni suodattavat
sameaa mustaa ilmaa
hämärässä,
ihmisen hämärässä.
Viritetyt pommit odottavat
laukeamistaan.
Luonto pidättää hengitystään,
peläten hetkeä,
h-hetkeä.
Lapset leikkivät kuten aina,
vaikka ketjureaktio on jo
alkanut.
Kaikki tapahtuu sulassa sovussa,
kiihkeän elämänrytmin
kanssa.
Ahneesti syö ihminen tulevaisuutta
meluten ja kiirehtien,
ehtimättä pysähtyä miettimään
kauneutta,
hiljaisuutta ja rauhaa,
joka uinuu kaiken
takana.

Busmannit

Kerran koittaa aika
　　jolloin kiviä syövät busmannit
　　　　tulevat pensaistaan
　　ja pudottavat ylhäisten päät
　　　　pilvistä.
Krokotiilinnahkalaukut ja kengät
　　palaavat uudelleen kiertoon
　　ja lähtevät uimaan
　　ja puhua pulputtavat
　　　　mennessään,
　　koska nyt on puhumisen aika.
Paljon puhetta
　　mutta vähän tekoja
　　　　äiti maalle.
Hirveydet seuraavat toisiaan,
　　sillä kaikki rajat on ylitetty,
　　　　häpy hukattu,
　　ahmatit putsaavat pöytää.
Kuolevat lokit nokkivat
　　　　kuolleita kaloja
　　viimeisellä rannalla.
Lapsi kaivaa hiekkaa lapiolla,
　　　　elämän cocktailia,
　　sillä elämä on kuin hiekka
　　　　saasteen tahrima
　　　　pyttipannu.

Enkeli

Kengät kopisevat katukiviin
      yössä,
pahojen tekojen henget
      syövät valoa.
Kellertävä katulamppu taistelee
      hämärän henkiä vastaan.
Musta CD-auto korjaa talteen
      enkelin.
Haavoittunut enkeli aamuyön tunteina
      kadulla,
      likaiset setelit kourassa.
Mustia kyyneleitä tippuu kadulle,
      katukiville,
      alakulo kasvaa kuin
      lumipallo.
Hotellin parkkipaikalla musta auto
      tervehtii uutta aamua,
      kromipinta kimaltelee
      auringolla.
Auton haltija nukkuu
      hyvin tyydytetyn unta.
Mustat lasit autossa
      ja haltijan päässä
      estävät näkemästä todellisuutta,
      johon hän yöllä vaipui,
      enkeliä
      joka antoi hänelle kaikkensa
      neljästäkymmenestä
      hopearahasta.

Vastaiskuja

He iskivät vastaiskuja
    iskujen jälkeen,
        ikiliikkujat,
    eikä niille iskuille ollut loppua.
Sillä niin totta kuin
    kissa hiiriä pyydystää,
        kostettavaa riittää.
Se on kuin alkoholismi,
    verenhimo kasvaa,
    eikä viinikään maistu
    ennen kuin veri virtaa
        viemäreissä.
Ai koira,
    se on hukassa,
        osta kyyhky,
    viljele maata
    ja opeta lapsille
        rakkautta.

Elämännälkä

Tuuli tuijotti siipiä oksillaan,
    minun oli nälkä,
            elämännälkä.
Eivätkä he antaneet minun syödä
        sitä ravintoa,
    jota häissä tarjoillaan.
Kahdesti kirkastetut pullot
    vaihtoivat omistajaa
        vaivihkaa.
Hevosen katse syöpyi aivojeni
        hämärään.
Vuorilta laskeutuvat kylmät tuulet
    huurruttivat tasankojen pellot,
            lasit.
Vaahtopartainen ukko nurkkapöydässä
    näki peltojen heilimöivän
            kultaa.
Varis juoksutti siipiään
    kangaspuiden natistessa
            pirtissä.
Tuuli tuijotti siipiä oksillaan,
    minun oli nälkä,
            elämännälkä.

Päivän sana

Kuolleet karvalakit vintillä,
            linnunpesät,
odottavat huomista
            turhaan.
Kiskot veivät etelään,
    baskerit veivät uuteen
            aikakauteen.
Se on päivän sana,
            trendikästä.
Mustan myssyn varjo pimeydessä
on yötäkin mustempi
            hiiren ruoka,
            lepakonsiipi.
Hämähäkin seitit keräävät pölyä
            ullakolla.
Vanha rukki pyörii henkivoimalla,
            enkelinpölyllä,
    keijun sisään, uloshengityksellä.
Avaamaton arkku täynnä
            kysymysmerkkejä
odottaa baskeria kannelleen,
            runoja sisään.
Linnunsulka taivaalla,
            rauha.

Elämä kutsuu

Ei soi enää kello
                    aamulla,
    ei kutsu tie kulkijaa.
Sammaloituu polku,
    sammaloituu pää,
                    häviää.
Kaikki menneet vuodet,
    vuosikymmenet
nousin kuin kone.
Sivuraide kutsui minua,
                    umpitie.
Mihin elämään hyppäisin,
                    ihmettelin?
Yhä enemmän kyselijöitä,
    suuret ikäluokat
                    ymmällään.
Elämä kutsuu,
    imee virtaan
                    heidätkin.

Adagio

Suurtila viidakossa,
        adagio,
neljä dollaria kuussa,
neljä lasta elätettävä,
        Albinoni,
kolme pientä hautaa metsässä.
Eläimet voivat hyvin suojissaan.
Metsän laidassa isä keittää lehtiä
        lapselleen
joka ilta.
Kylkiluut hohtavat ohuen ihon läpi,
        viidakosta kuuluu villipetojen
                karjunta.
Lapsi ei aisti ympäristöään,
        äiti on kuollut synnytykseen.
Isä ei itke,
        kyyneleet loppuivat lapsena.
Tilalla on loputon tuska,
        toivottomuus.
Kuusituhatta työläistä
        tälläkin tilalla keittää lehtiä
                omassa maassaan.
Suihkukone lentää heidän ylitseen,
        tilan isäntä lentää Monacon
                kasinolle pelaamaan.

Hengitän itseäni

Minun päivieni loputon kivikasa,
sydämeni viidakossa,
eksyksissä.
Musta aave tuijotti menoani,
graniittisilmäni jäässä.
Pylväspyhimys ei nähnyt valoa,
ei nähnyt poistumistani.
Poistuin maailmasta
jälkiä jättämättä.
Ei mitään puutu
kun minä olen kuu,
tiara missin otsalla,
lasienkeli.
Ilmassa lentävät menneisyyden
pölypatsaat,
kaikkien meidän minuudet
kautta aikain.
Minä hengitän itseäni,
suutelen sinun huuliasi
viinilasin reunalta.

Talvi on mennyt

Talvi on mennyt,
    tienpinta kuivunut.
Talven vangittu pöly
        kirmaisi lentoon
    kevätauringon kosketuksesta.
Lumen kahleet katkesivat,
    pöly sai tuulen siivet
    ja vapautui varjoista.
Se valvoi silmujen unta,
    kutitteli lehden tainta,
    lauloi elämän auki.
Kevät puhkesi kukkaan,
    ruusu odotteli aukeamistaan,
        herää,
    on aika nousta
    ja tehdä tästä hetkestä
        ikuinen.

Viimeinen käyttöpäivä

Viimeinen käyttöpäivä
viivakoodissamme.
Koodinavain saloilla hölkkää,
suvannoissa soutelee,
soilla samoaa,
kuin riivatut etsimme sitä,
lennellen ympäri maanpiirin.
Se on timanttiin hiottu,
kiveen hakattu,
totuus,
jota ei voi muuttaa.
Ja kaikki valmisteet
turhia,
ponnistelut ponnettomia,
kun viivakoodi avataan,
arkun kanteen painetaan,
nuku lapsi,
uinu pienoinen.

Umpihankeen

Olen kuin tornissa tähyävä
                sokea haikara
ja putosin kiven pehmeille
                patjoille
auringonkilo silmissäni.
Juovuin viidestä kuuteen,
        punaviinistä
                uuvuin,
kannoin kolehtia
                säätiölle.
Maan järkevä jako,
                maanjäristys,
kylän kirkkoherra unessa.
Kolmekymmentä astetta lämmintä
                siellä jossain,
kun minä olin lumipyryssä,
                valkosormi.
Nastahampaani iski leipään
        kuin kaivuri maahan,
                kauha lumeen.
Pöllön katse selässäni
        työntelin kolaa
                umpihankeen.

Sitä toivoi

Sitä toivoi että tieni olisi aina
    kesäinen moottoritie,
        helppo kulkea.
Mutta useimmiten se on ollut
        umpihankea,
    lumikengillä kävelyä,
        suossa tarpomista.
Juuri kun luulee ylittävänsä jokea
        siltaa pitkin
    se vedetään alta
    ja sitä yrittää pelastua
        elämään.
Mihin elämään kukin pelastuu,
    rämpii rikkinäisenä rannalla,
    missä sudet odottavat
        uhriaan.
Minustakin jäi jotain tielle,
    verta, hikeä ja kyyneliä,
    sinne jonnekin kuivuneet.
Nyt kuljen polulla,
    vanhat kuuset kaareutuvat ylitseni,
        painavat kumaraan.
Kesäisen illan hämyssä
    koen saavani osakseni
        armon.

Kolme tyttöä

Olen astunut harhojen maailmaan,
    missä katukivet tanssivat
    ja kuiskaava metsä laulaa.
Minä olen puu,
    sinä lentävä perhonen.
Katuvalot valuttavat loistoaan
        alas varjoihin
    ja pimeys laskeutuu
        pimeyden ylle.
He astuivat sakeaan sumuun,
    jossa puhe porisi,
        pulputti.
Hävisin yöhön ja usvaan,
    vettä satoi kaatamalla,
    aaveet kulkivat pitkin taloa.
Tiellä meni kolme tyttöä
        samalla mopolla
    ja he hymyilivät minulle.
Heihin paistoi aurinko
        sateesta huolimatta.
    fanilaumat seurasivat minua.
Sumunsilta muuttui kuunsillaksi
        ja sieltä minua vastaan tuli
           hän.

Halaa minua

Auto täyttyi ahdistuksesta,
    kysyin sinua peilistä,
        kyyneleet,
tuli tukala olo.
Tartu käteeni
    ja juo tämä malja
        kanssani.
Katsoin vielä kerran sinua
        syviin silmiin,
silmiesi tuska, pelko,
        auta.
Alakulo söi sieluani.
Puut kävelivät kohti
    ja ojentelivat oksiaan.
Talot olivat kaatumaisillaan
        päällemme.
Varikset huusivat voimakkaina,
        uhkaavina.
Päivänvalo oli kuin
    kuun kumotusta.
Juuri kun olin vajoamassa
        syvään uneen,
    kuulin äänen,
        halaa minua.

Ajattomuudessa

Se oli jatkuvaa halaamista
yli ulapan,
rotkon rosoiset reunat
söivät itseään.
Lumikengillä laukkaavat jänikset,
citykanit,
huulet ristissä vuodattivat
usvaa.
Ihminen räpiköi maalla merellä
ja ilmassa,
etsien tarkoitusta elämään,
turhaan.
Sillä niin velloo ihmismeri
kuin jäälautat ajelehtien,
sulaen.
On vain yksi tarkoitus,
lisäänny ja kuole
tai kuole,
kaikki muu on harhaa
ajattomuudessa.

Empatia hioo kirvestä

Mitä on meidän tekomme,
        egomme,
  vuoren korkuiset luulomme
      itsestämme?
Taivaaseen kurottava tammi
      unelmissamme
Sankaruuden hetken huuma,
  jota pikkusielut palvovat,
      valvovat.
Tähdet syttyvät ja sammuvat,
  eikä meitä enää ole,
      sääli.
Ymmärrys hyppii lapsenaskelin
  jääkaudesta toiseen.
Empatia hioo kirvestä,
  ahneus syö sydäntä,
      harhaa.
Vain pienen hetken me olemme
      ihmisiä,
  lapsuuden kultaiset vuodet
  ja iltahämärän.
Välivuodet laukkaamme susina,
      rohmuamme
  tavoittamatonta.

Alussa oli sana

Alussa oli sana,
    nyt on sana kaikilla,
        viisastenkivi,
    loassa pyöritetty,
    monissa vesissä pesty.
Vain putkinäköinen tollo voi kuvitella
    omistavansa yksin tämän tiedon,
        viisauden
    ja julistaa sitä maailmalle,
    sillä ruukut on valettu
        ja tehty
    moneen kertaan
        ennen heitä.
Vain muoto muuttuu,
    mutta valajan työ elää aina
        käytössä.
Samasta sanasta ammennamme,
    samoja sanoja käytämme
        nöyrtymällä,
    opimme näkemään
        totuuden.

Minun oli jano

Perimmäisten kysymysten äärellä
minun oli jano.
Eikä minun annettu juoda
sitä juomaa,
joka janon poistaa.
Ja minä join kurkkuni kuivaksi,
hengitin pölyä
ja puhaltelin heinäsirkkoja,
olin erämaa.
Ja rankkasateet lankesivat
ja ampuivat nuoliaan,
hukuttivat minut
sanojen kohinaan,
olin eksynyt.
Hän otti ja mursi leivän
ja sanoi,
ota ja syö tämä leipä
ja juo tämä viini
ja ole.
Ja minä olin ja minä olen
ajatuksen lyhyen tauon,
havahduin,
eikä minun ollut enää jano.

Velka

Velka on kuin kaatopaikka,
velkaa velan päälle
ja jyrä.
Mikään muu ei enää kasva
kuin korko,
korkoa koron päälle.
Armo on syvällä
kaiken alla,
pyhien miesten armovuosi,
jolloin velat anteeksi annettiin
seitsemän vuoden välein.
Enää ei ole armoa,
eikä ihmisellä ihmisarvoa,
uusiutua,
aloittaa alusta.
Vain sudet pärjäävät
ja suovat toisilleen armon.
Kiitokseksi he syövät mummon,
Punahilkka
älä itke,
sillä ihminen on susi.

Lurjus

Ihminen päättää,
termostaatti säätää,
että meillä hiki virtaisi
viemäreissä.
Petollinen tupee peittelee
salaisuuden.
Voihan tukan kammata poskelle
ja parran otsalle
ja katsoa karvaista maailmaa.
Karvasta maisemaa maistaa
kuuden tuuman
kuudesti laukeavalla
usvaputkella.
Uraputkessa yhtä kaikki
sotamiehet,
nappi otsaan ja korpraali,
kenu,
sata nappia sataan otsaan.
Leivoset ilmassa leikkiä lyö,
hevoset hirnuvat
ja aurinko tanssii,
hullut hymyilevät.
Revi siitä iloa
ja löydä paikkasi
lurjus.

Uhka

Pilvisen maailman takaa
   he tulivat kumartamaan jumalia,
      tähdenlentoja,
   pelastuakseen turmiolta,
      tuntemattomalta,
   joka väijyy puissa
      kaikkialla.
Uhka joka painaa kuin synti
   ja hyppii oksalta oksalle,
      silmille
   ja sokaisee kauheudellaan,
      kauneudellaan,
   eivätkä he tienneet itkeäkö
      vai ylistää.
Itkuiset ylistyslaulut
   täyttivät maanpiirin
   ja he siirsivät kauhuaan
   tuleville sukupolville,
      lapsille.
Eivätkä he löytäneet rauhaa
      rauhattomuudessa.

Vantaa

Tähtinen taivas,
    vellova vesi,
    uniin vaipuneet unelmat
        muistoissamme.
Kaarelle taipuneet vartalot
    hetkeen jännittyneet,
        tulta.
Tullinpuomin takainen maisema
    avautui keväälle,
        rakkaudella.
Veri virtasi suonissa
    kuin tulviva joki,
        Vantaa.
Mahla lähti liikkeelle,
    aistit valpastuivat,
    rakkaus helisi ilmassa.
Lumi käärittiin rullalle,
    työnnettiin mereen,
        veteen.
Kaikki tahtoi rakastaa,
    nyt on rakkauden aika

Rakot syövät miestä

Kelluva kylä vuoren takana,
   unikon punainen uni,
      polttava maa,
   polttava kenkä jalassa.
Rakot syövät miestä,
   imevät nesteen kudoksista.
Kipu lyö poskelle,
      tuska toiselle,
   helle kolmatta hamuaa.
Menu Vino Tinto, pan
      kuin unessa
      pampalla
   lintu huutaa,
      varoittaa.
Päässä soi ikimuistoinen laulu,
      orjien kuoro,
   Gregoriaaninen kirkkomusiikki,
   sinisen taivaan langettama varjo
      mielen maahan.
Maan keikkuessa pää pysyi paikoillaan
vajoten nirvanaan.

Tunteiden karikot

Syntymän kautta ajelehdimme
   elämän epätodellisuudessa
   läpi tunteiden karikon,
      syövereiden.
Syömme elämää elääksemme
   ja henkihaukkana ryntäilemme,
      säntäilemme,
   luullen että se on totta.
Totta on vain leipä, viini
      ja siemen,
   muu on pakottamista,
      tuhoa,
   johon olemme osallistuneet
      jokainen.
Säästöliekillä säästämme elämää
   ja näemme salattuja asioita.
Nyt näemme pelkkää kaaosta
   ja hukumme sirpaletietoon,
      hulluuteen.

Musta aurinko

Sadat viikatteet hiovat hampaitaan,
    torajyvien tanssiessa,
    hukkakauran huutaessa,
        auta.
Hevoset loikkivat niityllä,
    lampaat keräsivät villaa,
    lehmät joivat maitoa
        purosta.
Kanat pelasivat aikaa
    munimalla kultaa.
Mustanmaijan valkoiset penkit
    sinisellä pohjalla
        pontikkaa.
Turvenuijan vartalon mukaiset
        suonikohjut
    etsivät uusia ulottovuuksia.
Pilvet lepattivat taivaalla
        rikkinäisinä.
Kaikki tuijottivat mustaa aurinkoa
    mustan lasin läpi.
He tunsivat outoa tyytyväisyyttä
        tämän koettuaan.

Absurdi 20.2.2022

Järjetön, järjenvastainen, se on sitä.
Se on myös sitä mitä tapahtuu
　　　　Ukrainan rajalla.
Näin käy kun yksi saa ehdottoman vallan
　　　　ja järjenvalo sammuu,
Tulee pimeys, harhat ja pelot,
pelot uhattuna olemisesta,
joita vastaan on taisteltava.
Se on myös diktatuurin heikkoutta,
　　　　kun ei ole mekanismia,
jolla saada sairastunut hoitoon,
ennen kuin miljoonat menettävät henkensä.
Esimerkkejä löytyy luolamaalauksista alkaen,
puhumattakaan kirjoitetusta ajasta,
faaraoista, keisareista ja muista sotasankareista,
aina Hitleriin, Maoon ja tämän päivän
　　　　riidanhaastajiin.
Surullisinta on tänä päivänä,
jos sota muuttuu maailmansodaksi
ja kaikkia aseita käytetään,
niin vaarana on koko planeetan
　　　　ja elollisen tuho.
Nämä sankarit tulisi unohtaa kuoliaiksi
ja ihailla Gandhia, Martin Luther Kingiä
ja niitä jotka tekevät pyyteetöntä sovittelutyötä
ja joiden motiivi on rakkaus, ei viha.

Herätys

Hänen antureittensa jäljissä
syntyy linnunrata
ja hän kylvää aurinkoja käsistään.
            UUNO KAILAS

Tarvitsin tätä koronan
ja Ukrainaan hyökkäyksen vuoksi.
On päästettävä mieli
uusiin sfääreihin, avaruuteen,
puhaltamaan uusia maailmoja,
vaikka juuri nyt musta aukko uhkaa,
niin tiedämme valon voittavan,
valon joka luo kauneutta ja rakkautta
ja vapauttaa mielen sinne,
minne pahuus ei yllä,
sinne missä ilma on linnunmaitoa,
kukat ja perhoset tanssivat auringolla,
ruoho on pehmeää pumpulia,
puut, vuoret ja vesi kimaltelevat.
Se on paikka jossa vallitsee
totaalinen rauha ja mielenrauha,
siellä voi heittäytyä unohduksen uneen,
se on minun paratiisini.

Itke Putin itke

Koko maailma on sinua vastaan,
jopa oman maasi parhaimmisto.
Mitä aiot tehdä heille, jotka eivät tahtoosi taivu?
Rakennatko kulakit Siperiaan, vankileirien saariston?
Onko tarkoitus voittaa Stalin uhriesi määrällä?
Stalin tappoi miljoonia Ukrainalaisia nälkään,
montako sinun pitää pärjätäksesi hänelle?
Entä suomalaiset ja suomensukuiset kansat,
sinulla tulee olemaan kovatyö
saattaa Stalinin tuhotyöt loppuun?
Voitko luottaa ikäisiisi ukkoihin rinnallasi,
jotka pelosta tottelevat sinua?
Etkö pelkää Stalinin kohtaloa,
kun hän sai sairaskohtauksen,
he sulkivat oven ja antoivat hänen kuolla yksin.
Kukaan ei sure sinua,
vaan koko maailma huokaa helpotuksesta,
kun diktaattori, tyranni on poissa.
En tiedä helpottuisiko sairas mielesi siitä,
jos saisit aikaan ydinsodan
ja ihmiskunnan lopullisen tuhon.
Ainakaan ketään ei jäisi muistelemaan tekojasi.
Jäljelle jääneet eläimet ja luonto lähtisivät
uuteen nousuun ja kukoistukseen,
toisenlaiseen maailmaan ilman ihmistä.
Tavataanko Siperiassa vai pilven reunalla,
se on sinun päätösesi?